Corso
I Verbi
Can
Must – Need

di
Paola Freggiani

Copyright 2015-23 © Paola Freggiani.
Tutti i diritti riservati all'Autrice.
Prima edizione: Dicembre 2015

I Verbi Modali

I verbi modali funzionano come verbi ausiliari. Non sono mai preceduti dal "to" e hanno la prerogativa di attaccarsi direttamente all'infinito di un altro verbo. In questo libro approfondiremo le diverse accezioni dei verbi "potere" e "dovere" in Inglese, rispettivamente rese con:

Can per possibilità, permesso, abilità

May per possibilità, permesso, ipotesi

To be able to per capacità / abilità

Must per dovere, obbligo, deduzione

To have to per dovere, obbligo, deduzione al passato

Need / Need to per obbligo, dovere, bisogno, necessità

Il Verbo Potere

Il verbo "potere" può avere diverse sfumature a seconda del contesto in cui viene usato.

1) Può avere una valenza di possibilità, eventualità o occorrenza:

Tutto può succedere nella vita.

Ognuno potrebbe fare del bene se solo volesse.

2) Può esprimere una richiesta di permesso:

Maestra, posso andare in bagno?

Ogni visitatore può avvicinarsi alla teca senza però toccarla con le mani.

3) Può avere un significato di abilità, capacità, nel senso di "essere in grado di":

Posso fare tutto ciò che mi passa per la testa.

Potrai costruire un modellino in miniatura seguendo debitamente le istruzioni.

Se in Italiano tutte queste sfumature sono rese sempre con un unico verbo, in Inglese dobbiamo renderle volta per volta con uno di questi 4:

- **Can**

- **Be able to**

- **May**

- **To be allowed**

Possibilità

Can usato in questa accezione rende l'idea che l'azione espressa dal verbo che segue sia possibile o fattibile:

You can play soccer in the parish field.

You can easily climb up that hill.

Can you hold your breath for one minute?

Some snakes can attack when they feel they are in danger.

May esprime una possibilità presente o nel futuro (spesso si trova **might** per rendere un'ulteriore sfumatura di dubbio).

He may confess his betrayal. (forse lo confesserà o forse no)

He may go abroad and start a brand new life (può darsi che si decida come no)

He may lend you some money (dubito che lo farà però)

In tutti i tempi al passato e nei composti si usa **might**.

I thought I might borrow some money from him.

If you invited her, she might come.

Permesso

Can può essere usato per esprimere il permesso di compiere una determinata azione:

I can leave my workstation at 6.30 p.m.

I can take a break whenever I want.

I can go to the toilet during a written examination.

Quando si evince che il permesso è dato da terzi, si può usare *can* nel senso di "essere autorizzato a fare una cosa". Potremmo tranquillamente interscambiare *can* con **to be allowed to**.

I am allowed to leave my workstation at 6.30 p.m.

I am allowed to take a break whenever I want.

I am allowed to go to the toilet during a written examination.

Altri esempi di *can* con l'accezione di permesso:

You can park here as well.

You can borrow two books at a time.

He says we can leave right away.

Can I pay by cheque?

Can we pass this way?

May si usa al presente nell'accezione di permesso, generalmente alla seconda o terza persona singolare per indicare la concessione data. Oppure per indicare che qualcuno è autorizzato a fare una determinata azione. È leggermente più formale di *can*, che invece si usa spesso nel parlato.

You may leave now.

You may borrow two books at a time.

Government may decide for an iron hand.

Police officers may ask for your ID.

May I pay by cheque?

Abilità / Capacità

Al presente e nelle interrogative, *can* nell'accezione di "essere in grado di fare una cosa" sostituisce l'uso di ***to be able to***:

I can type 2000 words in five minutes.

We can finally apply for the contest after so much training.

Can you run for 10 miles?

To be able to si usa per esprimere capacità al futuro – dove *can* non può legarsi a *shall / will* – e al passato se *could* non può venirci in aiuto per rendere l'idea di abilità. D'obbligo, invece, nei tempi composti:

I wasn't able to react and fight for my rights.

Chi parla vuole far passare un messaggio di inadeguatezza, come se non fosse stato capace di reagire, anche se, sforzandosi, avrebbe potuto. "*I couldn't react and fight...*" implica l'impossibilità, la mancanza di occasioni per provare a reagire, come se ci fosse stato un impedimento esterno indipendente dalla volontà di chi parla.

I haven't been able to meet her since that day.

Qui la presenza del *present perfect* ci toglie le castagne dal fuoco e usiamo esclusivamente "to be able to" al passato.

Will you be able to overcome this situation?

Can non può essere usato per il futuro, quindi anche in questo caso andiamo sul sicuro con "to be able to".

Ipotesi / Speculazione

May, se seguito da un infinito al passato, può assumere un'accezione speculativa / opinativa:

He may have lost his temper (può aver perduto la pazienza, faccio un'ipotesi, è possibile che sia andata così)

He may have missed the letter you sent him (faccio un'illazione sulla ricezione / lettura della lettera)

Il Verbo Dovere

Il verbo "dovere" può avere diverse sfumature a seconda del contesto in cui viene usato.

1) Può avere una valenza di obbligo o dovere, anche morale.

Devi fare i compiti se vuoi essere promosso.
Ognuno dovrebbe fare del bene al giorno d'oggi.

2) Può esprimere l'urgenza di un sentimento o un'azione:

Maestra, devo andare in bagno.
Devi assolutamente raccontarmi il sogno che hai fatto.

3) Può avere un significato di speculazione, deduzione, illazione da parte di chi parla:

Devono essere stati i ladri ad appiccare il fuoco.

Chi ha suonato alla porta? Dev'essere il postino.

Se in Italiano tutte queste sfumature sono rese sempre con un unico verbo, in Inglese dobbiamo renderle volta per volta con uno di questi 4:

- **Must**
- **To have to**
- **Need**
- **Should / Ought to** (per il condizionale)

Obbligo / Dovere

Must è un verbo modale che si usa solo alla forma presente (può comunque implicare anche un'accezione futura). Per sopperire all'assenza di una coniugazione di *must* al futuro o al passato, si ricorre ai tempi relativi di **to have to**.

You must do your homework if you want to go to high school.

You must wash your teeth at every meal if you want a bright smile.

You will have to get up earlier if you want to catch the train.

We shall have to vote for a new mayor if we want to get rid of this one in charge.

We won't have to clean the street from the papers.

I <u>had to</u> do the right thing and report him to the police.

We <u>had to</u> save that pet from the shelter house.

Quando *have to* viene usato nelle negative, indica l'assenza di obbligo e può venir reso anche con **need**.

I don't have to ask for help. I can do this alone.

I don't need to ask for help. I can do this alone.

La differenza tra *must* e *have to* si avverte nella provenienza dell'obbligo: se è imposto da terzi e siamo noi a parlare, useremo "have to"; se lo imponiamo noi che parliamo, opteremo per "must".

You must do your homework.

I have to do my homework.

She must take action before it's too late.

I have to take action before it's too late.

Must vale anche per gli obblighi generalizzati, imposti per esempio dalle autorità.

Passengers must fasten the seat belts.

Customers must read the terms and conditions before applying for our service.

Oppure quando si tratta di doveri morali, buon senso, princìpi.

Drivers must call 911 if they run over a walker.

Taxpayers must report any fraudulent non-payer.

Religious wars must stop NOW.

Urgenza / Bisogno

Must rispetto a *have to* può assumere una valenza di urgenza, usato soprattutto in prima persona:

I must tell you about the argument I had with my boyfriend.

I must call my neighbor on the phone before his dog goes missing.

Qui c'è un'accezione più personale, si avverte da parte di chi parla il bisogno di fare l'azione.

Deduzione / Speculazione

Per esprimere una deduzione o un'illazione, si può usare **must**.

She must earn a fortune. Look at the castle where she lives!

Who is doing all this noise? It must be my son.

Jesus must have been a great preacher.

Have to per le deduzioni (*assumptions*) è raro trovarlo al presente. In American English può capitare, in Brit English è difficile. *Had to* invece sopperisce alla mancanza di un tempo passato per *must* ed esprime una quasi certezza per un evento trascorso. Può sostituire in toto la formula **must + have + participio**.

The phone began to ring.

It had to be Tom / It must have been Tom.

Jesus must have been a great preacher / Jesus had to be a great preacher.

Se chi parla usa o vuole usare *Had to* si sente leggermente più sicuro e *confident* di chi usa *must + have + participio*.

Il Verbo Need

Il verbo **need** è sia un ausiliare che un verbo principale (*main verb*). Come ausiliare la forma negativa è **needn't** e si comporta come gli altri verbi modali. In questo caso, NON è seguito dalla preposizione "to" ma si lega direttamente all'infinito del verbo principale o a *have* + participio.

In USA "need" come verbo modale non si usa, in Brit English si trova soprattutto nelle frasi negative o interrogative. Ha solo la forma del *Simple Present* ed esprime un'accezione di consiglio o di necessità, l'aver bisogno o meno.

I needn't wear a jacket. It was a sunny day.

Need I tell her about being cheated?

You needn't write it by hand. I have a laptop in my bag.

Quando invece si comporta da verbo principale, prevede normalmente l'ausiliare **do** e si coniuga anche al passato (*needed*) e prende ovviamente la "s" alla terza persona del presente. Se è seguito da un verbo, prende dopo di sé la preposizione "to". Si usa nell'accezione di "aver bisogno di" oppure "dover fare una cosa", con la stessa sfumatura semantica in questo caso di *have to*.

I didn't need to confess the murder. My responsibility was crystal clear. (non era necessario confessare, non ce n'è stato bisogno)

Do I need to remind you that you are under oath? (c'è bisogno che, è necessario che ti ricordi…)

They won't need to stand for elections. (assenza di obbligo)

We will need to show our IDs. (accezione di dover fare una cosa perché ci viene richiesta, saremo obbligati a farlo)

Esercizi

Fill in the blanks by choosing among:

1) **can** 2) **to be able to** 3) **may**

Correct answers can be found at the bottom of the book.

1) My mum _____ cook like a professional.

2) I was wondering if I will ever _____ graduate.

3) Have you ever met a pop star? I am pretty confident that one day I will _____ finally meet one.

4) _____ I ask you a favor?

5) He _____ have gone out of his mind.

6) Nobody _____ portrait a face the way I do.

7) Will you _____ get here in time?

8) I wonder whether you will _____ swim or not.

9) It _____ sound crazy, but I'm pretty sure of what I'm saying.

10) _____ you repeat that? Sorry, I _____ not hear you!

Fill in the blanks by choosing among:

1) **must** 2) **have to** 3) **need / need to**

Correct answers can be found at the bottom of the book.

11) You _____ understand the gravity of your fault. You _____ make up for the pain you caused.

12) I really _____ wake up earlier if I want to arrive at school in time for the lesson.

13) It _____ have been the President to order the attack.

14) _____ I go and look for a new flat?

15) You _____ write in a black ink. A blue pen will perfectly do.

16) We won't _____ go by bus. Walking will take us ten minutes.

17) They didn't _____ cross the river on foot. Luckily, they found a couple of horses on hire.

18) We _____ accept the death sentence. There's nothing else we can do.

19) Do I _____ talk you into dressing more appropriately? Do not make me lock you up!

20) You _____ do the right thing. Please, do not let him go free.

Soluzioni

*1) My mum **can** cook like a professional.*

*2) I was wondering if I will ever **be able to** graduate.*

*3) Have you ever met a pop star? I am pretty confident that one day I will **be able to** finally meet one.*

*4) **May** I ask you a favor?*

*5) He **may** have gone out of his mind.*

*6) Nobody **can** portrait a face the way I do.*

*7) Will you **be able to** get here in time?*

*8) I wonder whether you will **be able to** swim or not.*

*9) It **may** sound crazy, but I'm pretty sure of what I'm saying.*

*10) **Can** you repeat that? Sorry, I **cannot** hear you!*

*11) You **must** understand the gravity of your fault. You **need to** make up for the pain you caused.* (Qui preferisco "need" per l'accezione di consiglio insita nel dovere, ma anche "must" è perfettamente accettabile)

*12) I really **have to / need to** wake up earlier if I want to arrive at school in time for the lesson.*

*13) It **must** have been the President to order the attack.*

*14) **Need** I go and look for a new flat?*

*15) You **needn't** write in a black ink. A blue pen will perfectly do.* (accezione di consiglio)

*16) We won't **have to / need to** go by bus. Walking will take us ten minutes.*

*17) They didn't **have to / need to** cross the river on foot. Luckily, they found a couple of horses on hire.*

*18) We **have to / need to** accept the death sentence. There's nothing else we can do.*

*19) Do I **need to** talk you into dressing more appropriately? Do not make me lock you up!*

*20) You **must** do the right thing. Please, do not let him go free.*

Milton Keynes UK
Ingram Content Group UK Ltd.
UKHW030941220724
445981UK00013B/516